KB213219

QnA로 알아보는
크레스티드 게코

Crested Gecko

Special thanks to

Gecko Hole

gecko_hole

Crested Gecko

QnA로 알아보는 크레스티드 게코

조 제 지음 | 제상준 그림

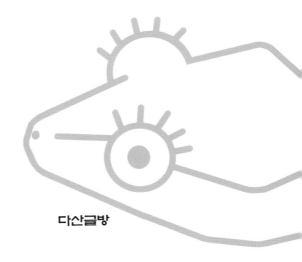

다산글방

조 제 📷 j.o_j.e

모두가 올바른 방향성을 가지고
크레를 사육했으면 하는 마음으로
정보글들을 블로그에 포스팅해 왔다.

누군가에게는 불편한 글이 될지라도
제대로 된 정보를 공유하려고 항상 노력하고 있다.

차례

QnA로 알아보는
크레스티드 게코를 펴내며

안녕하세요. 조제입니다.

제가 처음 크레를 키우기 시작할 때 너무나도 궁금한 점이 많았습니다. 그래서 블로그, 유튜브, 카페 등을 통해 그 당시 제가 찾을 수 있었던 정보들 대부분을 읽어 보았지만 너무나도 다양한 의견들이 많아 초보자의 입장에서는 무엇이 옳은 내용인지 무엇이 틀린 내용인지 구분하기조차 어려웠습니다.

그로부터 짧다면 짧고 길다면 긴 시간이 지난 지금은 저만의 크레 사육법을 어느 정도 확립하게 되었고, 이를 바탕으로 최대한 객관적이고 정확한 내용들로만 책을 구성해 보았습니다.

　사육에 정답은 없습니다. 다만 올바른 방향성이란 것은 확실히 존재합니다. 크레 입양을 계획 중인 분들, 크레를 처음 키우는 분들 그리고 이미 크레를 사육 중인 분들 모두에게 조금이나마 뚜렷한 방향성을 제시해 드릴 수 있다면 좋겠습니다.

2021년 2월

조 제

Chapter 1

크레,
이것만은 미리 알자!

Q

크레가 가장 좋아하는 온도는 몇 도예요?

A 크레에게 가장 적합한 온도는 **24~26℃**예요. 온도계
와 습도계를 구비하면 온도와 습도를 편하게 측정할
수 있어요.

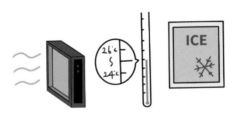

한국의 봄, 가을은 기온이 적당하지만 여름에는 에어컨, 아
이스 팩 등으로, 겨울에는 보일러, 라디에이터, 온풍기 등으
로 온도를 유지시켜 줘야 해요. 온열 기구 사용 시에는 사육
장이 너무 건조해지지 않도록 주의해야 하겠죠?

Q

사육장 내부의 습도는
어느 정도로 유지해야 하나요?

A 습도를 절대적인 수치로 얘기하기는 힘들기 때
문에 분무를 통한 습도 조절에 대해 알아볼게요.

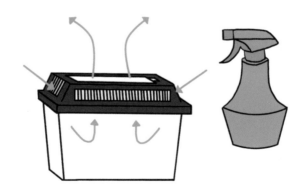

습도는 **하루 한 번 벽면 분무**를 통해 크레에게 쾌적한 습도를 유지할 수 있어요.
아직 작은 베이비들은 바닥이 흥건할 정도의 분무를 하면 발가락이 붙어버리는 경우도 있으니 꼭 벽면 위주의 분무라는 점을 명심해야 해요.

또한 습도는 같은 양의 물을 분무해도 환기되는 정도에 따라 달라지기 때문에 환기량 얘기가 빠질 수 없겠죠?
적당히 분무한 물이 **3~4시간 이내로 바짝 건조되는 정도의 환기량이 꼭 필요해요.**

Q

크레의 수명은 어느 정도 되나요?

A

널리 알려진 크레의 평균 수명은 **15~20년**이에요. 하지만 사육 환경, 사육 방식에 따라 수명은 크게 달라질 수 있어요.

그렇기 때문에 수명을 정확히 예측하기보다는 올바른 방식으로 사육하는 게 바람직한 집사의 행동이라고 할 수 있겠죠?

Tip

크레도 사람과 마찬가지로 언제, 어떠한 질병에 걸릴지 아무도 예측하지 못 해요. 하지만 잘못된 방법으로 사육할 경우 질병에 걸릴 확률이 높아지고 수명이 짧아져요. 빨리빨리 크는 모습을 보고 싶어 슈퍼푸드 위주의 사육이 아닌 충식 위주의 사육을 하는 것이 안 좋은 방향성을 가진 사육의 대표적인 예라고 할 수 있어요.

Q

크레를 슈퍼푸드만 주면서 사육해도 되나요?

A 슈퍼푸드는 말 그대로 Super Food예요. 판게아, 레파시와 같은 회사에서 여러 해에 걸쳐 만든 데이터를 바탕으로 크레에게 가장 알맞은 비율로 영양소를 공급할 수 있도록 만들어진 제품들이에요.

그렇기 때문에 슈퍼푸드만 먹여도 아무 문제가 없어요. **귀뚜라미, 밀웜 등의 충식은 보조**가 되어야 하지, 절대 주식이 되면 안 돼요.

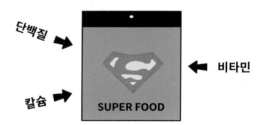

Q

물그릇을 꼭 준비해 줘야 하나요?

A 사람도 목이 마르면 물을 벌컥벌컥 마시듯이 크레도 물그릇이 있으면 목이 마를 때 찾아 마실 수 있어요. 그러므로 물그릇이 필수는 아니지만 **개체를 위해서는 좋은 선택지**라고 할 수 있어요.

Q

크레를 계속 핸들링해도 되나요?

A 크레는 **야행성**이에요. 집사가 활동하는 낮에는 자고 밤에 일어나 돌아다닌다는 뜻이죠. 자는 시간에 계속 만진다면 크레가 매우 싫어하겠죠?

피딩하는 시간에 잠깐 핸들링하는 것이 크레를 위하는 좋은 방법이에요. 아무래도 핸들링은 되도록 너무 높지 않은 곳에서 하는게 좋겠죠?

Q

크레도 다른 도마뱀처럼 꼬리가 재생되나요?

A 크레는 다른 도마뱀들과 달리 꼬리가 잘리면 재
생되지 않아요. 신체 구조상 딱히 필요하지 않아
꼬리가 없는 쪽으로 진화하는 중이기 때문이에요.

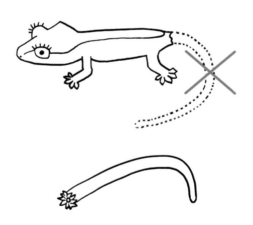

하지만 크레를 사육하다 보면 꼬리 끝의 패드를 이용하기도 하고 꼬리로 무언가를 감는 모습을 흔히 관찰할 수 있어요.

그러므로 일부러 꼬리를 끊거나 호기심에 꼬리를 당겨보는 행동은 하지 않는 게 좋겠죠?

Q

크레를 여러 마리 합사해도 되나요?

A 크레는 귀뚜라미처럼 움직이는 물체를 사냥하는 습성이 있어요. 그러므로 다른 크레와 한 사육장 안에 있다면 서로 물려고 하겠죠?

그러니 가급적이면 한 마리씩 **분리 사육**하는 게 좋아요.

Q

모프에 따른 분양가는 어떻게 알 수 있나요?

A 크레는 모프에 따라 정해진 분양가가 존재하지 않아요. 모프를 떠나 **집사의 눈에 가장 예뻐 보이는 크레**를 데려오면 돼요.

본인이 입양할 크레를 다른 사람들이 예쁘다고 하는 모프, 유행하는 모프에 끼워 맞출 필요는 없어요.

Tip

같은 모프의 크레도 분양가가 천차만별이에요. 적정 분양가는 어느 정도 형성되어 있긴 하지만 분양자와 입양자 모두에게 민감한 부분이기에 초보 집사들이 접하기 힘든 정보예요. 최대한 많은 개체들을 직접 눈으로 보는 게 가장 좋은 방향이라고 할 수 있어요.

Chapter 1 크레, 이것만은 미리 알자! 21

Chapter 2

알아두면 쓸데 있는
크레 용어 사전

■ 도살

Dorsal, **크레의 등**을 뜻해요.

■ 레터럴

Lateral, **크레의 옆구리**를 뜻해요.

■ 닙테일

Nipped Tail, 완전히 잘린 게 아닌 **중간에서 잘린 꼬리** 를 뜻해요. 어딘가에 찍히는 사고에 의해 잘리는 경우 대부분 닙테일이 돼요.

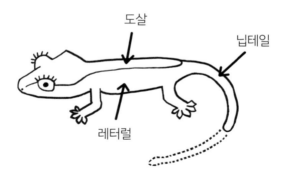

■ 천공

대퇴공이라는 표현이 정확하지만 천공이라는 표현이 굳어졌어요. 크레의 대퇴공은 주로 **수컷에게만 존재**하기에 수컷이라는 표식이 되고 수컷의 대퇴공에서는 짝을 유인하는 페로몬이 분비돼요.

■ 배설강

배설강은 소화관의 끝에서 생식관과 뇨관이 동시에 개구하는 곳이에요. 집사는 배설강을 통해 배설물과 요산이 나오는 모습을 자주 볼 수 있어요.

■ 배설강 돌기

배설강 양쪽에 하얗게 나 있는 배설강 돌기의 사용 용도는 정확히 밝혀지지 않았어요. 메이팅 시 수컷이 자신의 몸을 암컷의 몸과 나란히 하는 데 이용된다고 추정될 뿐이에요.

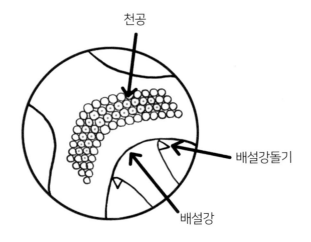

천공

배설강돌기

배설강

■ **핀**

Pin, 도살과 레터럴의 경계에 올라와 있는 돌기들을 뜻
해요.

■ **풀핀**

Full Pin, 핀이 안 끊기고 이어져 있는 개체를 풀핀이라
고 해요.

- **월**

  Wall, 크레의 옆구리에 **벽처럼 올라와 있는 패턴**을 뜻
  해요.

- **커버리지**

  Coverage, 크레의 **옆구리 패턴이 차 있는 정도**를 표현
  할 때 사용하는 용어예요.

- **풀 커버리지**

  Full Coverage, **크레의 옆구리가 빈틈이 없을 정도로 가
  득 차 있는 경우**를 가리키는 용어예요.

- **프루븐**

  Proven, **번식 능력이 증명된 개체**를 뜻해요.

- **RTB**

  Ready To Breed, 성체가 되어 **번식 준비가 끝난 개체**를
  뜻해요.

■ NFS

Not For Sale, **분양하지 않는 개체**라는 뜻이에요.

■ **모프**

Morph, 크레의 **생김새에 따라 분류한 그룹**이라고 생각하면 돼요.

■ **피딩**

Feeding, 크레에게 **먹이를 주는 모든 행위**를 뜻해요.

■ **탈기**

탈피 기간을 줄여 말하는 것으로 허물을 벗는 기간이라고 생각하면 돼요.

■ **핸들링**

Handling, 크레를 **손에 올려 만지는 동작**을 뜻해요.

■ **메이팅**

Mating, 암컷 크레와 수컷 크레의 **짝짓기**를 뜻하는 용어예요.

■ 클러치

Clutch, 크레가 **한 번에 낳은 알**을 뜻해요. 처음 낳은 알은 1차 클러치, 그 다음 알들은 각각 2차 클러치, 3차 클러치라고 불러요.

■ 클러치 메이트

Clutch Mate, 크레는 한 번의 산란에 보통 두 개의 알을 낳아요. 이 두 개의 알에서 나온 두 마리를 서로 클러치 메이트라고 불러요.

Chapter 3

성장 과정과
탈피를 알아보자!

Q

크레도 유아기, 청소년기, 노년기 등이 있나요?

A 크레가 알에서 태어나면 **해츨링** 상태라고 불러요. 이후 **베이비** 단계를 거쳐 조금 큰 **빅 베이비**가 돼요. 조금 더 크면 **아성체**와 **준성체** 단계를 거쳐 **성체**가 돼요. 해외에서는 더 간단하게 성장 단계를 나누지만 국내에서는 성장 단계를 이렇게 나눠요.

성장 단계의 판단 기준은 집사마다 달라 매우 주관적이기에 정확한 무게 기준은 없다고 보면 되겠죠?

Q

탈피 기간은 어떻게 알아볼 수 있나요?

A 크레는 살아가는 내내 탈피를 하고 성장기의 개체일수록 더 자주 탈피를 해요.

탈피 기간이 되면 탈피 껍질이 올라오기 시작하고 **개체가 뿌옇게 변해요.**

하지만 절대 파이어 다운, 즉 편히 쉬는 상태와 헷갈리면 안 돼요. 탈피 기간이 되어 뿌옇게 변한 개체는 보통 **코 끝과 입 주변이 벗겨져** 있어 이를 통해 확인이 가능해요.

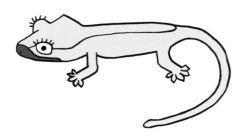

Q

크레가 탈피하는 모습을 한 번도 못 봤어요.
탈피를 못 하는 걸까요?

A 크레는 천적으로부터 자신의 흔적을 남기고 싶
지 않아 **대부분 탈피 껍질을 먹어요.** 탈피 껍질이
안 보인다고 탈피를 안 하는 게 아니에요. 집사 몰래 밤에
열심히 탈피 껍질을 먹었다고 생각하면 돼요.

Tip

어린 크레의 경우 탈피 시기에 몸통에 직접적으로 분무를 하면 탈피 껍데기가 몸에
붙어버리는 경우가 있어요. 항상 분무량이 너무 과하지 않도록 꼭 주의해야 해요.

Q

**크레가 탈피를 제대로 못 했어요.
어떻게 해줘야 할까요?**

A **반지 같은 형태**로 감겨 있는 탈피 껍질이라면 혈
액 순환을 막아 **건강에 해로울 수** 있어요. 다음과
같은 방법으로 꼭 떼어 주는 게 좋아요.

- 개체를 키친타올이 깔린 푸딩컵에 넣는다.
- 분무를 충분히 해 탈피 껍질을 불려 준다.
- 면봉으로 살살 긁어낸다.

Chapter 4

집 고르기와 집 꾸미기

Q

크레 사육장은 아무 통이나 써도 되나요?

 시중에 판매되는 제품은 정말 다양해요. 몇 가지만 짚어볼게요.

- 엑소테라 / 국산 채집통
- 네오 박스
- 유리장
- 포맥스 사육장
- 아크릴 사육장

채집통은 가장 대중적으로 사용되는 사육장이에요. 비교적 가볍고, 장기간 사용이 가능하며, 환기가 잘 되는 등 여러 장점이 있기에 가장 대중적인데요. 조금은 투박해 보일 수 있다는 단점이 있어요.

네오 박스는 채집통 다음으로 인기가 많은 제품이에요. 뚜껑에 환기 구멍이 있는 채집통과 다르게 환기 구멍을 옆으로 뚫어 적재할 수 있다는 장점이 있지만 환기 구멍을 따로 뚫어도 환기량이 충분하지 않다는 점이 단점으로 작용하기도 해요.

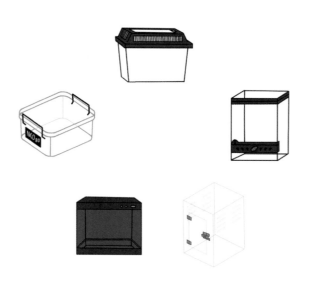

유리장은 진열 시 외관상 보기에는 좋지만 너무 무거워 청소하기가 까다롭고, 물때가 끼면 눈에 잘 띈다는 단점이 있어요.

포맥스 사육장과 **아크릴 사육장**은 원하는 사이즈대로 주문 제작이 가능하지만 아크릴 사육장의 경우 스크래치가 잘 나고 이로 인해 크레 발바닥에 상처가 생길 수 있다는 단점이 있어요.

Q

사육장 바닥재로는 아무 제품이나 깔아도 되나요?

정말 다양한 제품이 사육장 바닥재로 사용되고
있어요. 그중 대표적인 몇 가지만 짚어볼게요.

- 펠트지/스카트지
- 키친타올
- 코코피트/바크칩

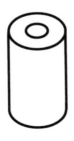 

펠트지와 스카트지는 매우 유사한 제품이에요. 빨아 쓰는 제품들로 일회용이 아니라는 장점이 있어요. **펠트지는** 색상이 다양하고 원하는 사이즈로 재단이 가능하지만 **스카트지**는 사육장에 안 맞는 사이즈가 많아 접어서 사용하는 경우가 많다는 차이점이 있어요.

키친타올은 펠트지나 스카트지와 다르게 한 번밖에 사용을 못 한다는 단점이 있지만 오염되면 바로바로 새 키친타올로 갈아주면 된다는 점은 장점이기도 해요.

코코피트와 **바크칩**은 흙과 나무조각이에요. 이 둘은 습한 여름철에 습도 관리에 실패하면 응애가 생길 수 있고, 바크칩은 입자가 크지 않으면 크레가 삼킬 수 있기 때문에 추천하지 않는 바닥재들이에요.

`Tip`

모든 바닥재는 각각 장단점이 있으므로 개인 취향에 따라 선택하는 것이 좋아요.

Q

사육장 내부에 아무 구조물이나 다 넣어도 되나요?

A 사육장 내부는 취향껏 꾸며도 되지만 그중에서
도 꼭 필요한 제품들은 다음과 같아요.

- 백업
- 코르크 보드/튜브
- 습식 은신처

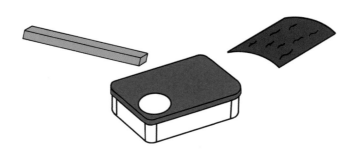

백업은 EVA 막대라고도 불리는 제품이에요. 보기에는 그닥 좋지 않지만 FTS를 방지하고 크레가 편히 쉴 수 있게 해 주기 때문에 기본적이면서도 꼭 필요한 구조물이라고 할 수 있어요.

코르크 보드나 **코르크 튜브**는 나무 껍질과 비슷한 거칠거칠한 표면으로 이루어져 있어 크레의 탈피를 도와줘요. 평생 탈피를 하는 크레에게 꼭 필요한 구조물이겠죠?

습식 은신처는 산란하는 암컷 크레들에게는 당연한 필수품이지만 그 이외의 크레들에게는 선택사항이라고 할 수 있어요. 하지만 습식 은신처는 습도를 조절해주고 탈피에 도움을 준다는 장점이 있어 크레에게 좋은 구조물이라고 할 수 있어요. 습식 은신처는 사육장에 들어갈 크기의 뚜껑이 있는 통에 크레가 드나들 수 있는 구멍을 뚫고 바닥에 적신 수태를 깔아주면 돼요.

Chapter 5

식생활을 알아보자!

Q

크레한테 아무 슈퍼푸드나 줘도 되나요?

A 시중에 유통되는 슈퍼푸드는 회사도 다양하고 맛도 다양해서 초보 집사가 선택하기 힘들 수 있어요. 하지만 슈퍼푸드 선정 시 꼭 지켜야 할 한 가지는 **검증된 제품을 사용**하는 거예요.

오랜 기간 사용되어 왔고 수많은 집사들에게 검증된 슈퍼푸드 회사로는 **판게아**와 **레파시**를 예로 들 수 있어요. 판게아 제품 중 인기가 많은 제품은 브리딩 포뮬러, 인섹트, 수박망고, 살구바나나 등이 있고 레파시 제품 중 인기가 많은 제품은 클래식, 바나나, 망고 등이 있어요.

크레마다 입맛이 달라 특정 제품을 추천하기는 힘들지만 이 중에서 개체가 잘 먹는 슈퍼푸드를 주면 돼요.

Q

슈퍼푸드는 어떻게 보관해야 하나요?

A 모든 슈퍼푸드는 상온보다는 냉장, 냉장보다는 냉동 보관 시 유통기한이 길고, 개봉 후 외부 공기가 유입되면 유통기한이 짧아져요.

그러므로 **구매 후 냉동 보관**해 두고 **1~2주 내로 먹일 양만 소분하여 냉장 보관**하면 편하겠죠?

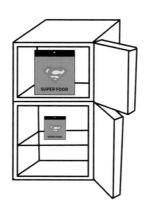

Q

슈퍼푸드는 어떤 비율로 줘야 하나요?

A 슈퍼푸드는 **케첩 점도** 혹은 조금 더 진한 점도로 주면 돼요. 케첩을 짜본 지 오래된 집사들은 꼭 한 번 직접 짜봐야 해요. 묽은 농도의 슈퍼푸드는 개체의 성장 속도를 더디게 만들 수 있기 때문에 꼭 알맞은 점도로 진하게 타 줘야 해요.

> **Tip**
>
> 슈퍼푸드 가루를 물과 섞은 후 5~10분 가량 불려두면 가루가 물을 머금어 점도가 더 진해져요. 이것을 고려해서 물의 양을 조절해 주면 좋겠죠?

Q

슈퍼푸드는 얼마나 줘야 하나요?

A 가장 중요한 포인트는 개체가 밥을 잘 먹는다고 계속 주면 안 된다는 점이에요. 사람과 마찬가지로 과식, 폭식은 개체의 건강에 큰 악영향을 끼칠 수 있어요. **성장기의 개체들은 체중의 1/10, 성체는 체중의 1/20**이 적정량이에요. 예를 들어 40g의 성체에 가까운 개체는 2ml의 슈퍼푸드를 주면 돼요.

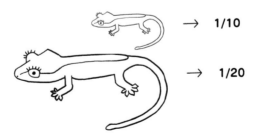

$\rightarrow$ **1/10**

$\rightarrow$ **1/20**

Q

핸드 피딩과 자율 피딩이 뭔가요?

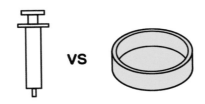

VS

A 주사기로 밥을 주는 경우 **핸드 피딩**, 밥그릇에 슈퍼푸드를 덜어주고 스스로 먹도록 하는 경우를 **자율 피딩**이라고 해요.

핸드 피딩은 집사가 꾸준히 정량을 피딩하기 때문에 성장 속도가 자율 피딩에 비해 빠른 편이에요. 하지만 배가 고프면 스스로 밥을 먹는 크레의 습성을 고려하면 **자율 피딩이 자연스러운 방법**이라는 의견이 많아요. 이를 고려해 집사가 피딩 방식을 선택하면 돼요.

Q

밥은 며칠마다 주나요?

A 사육에 정답은 없어요. 하지만 반드시 **소화할 시간을 충분히** 줘야 해요. 추천하는 방법은 **2~3일 간격**으로 월, 수, 금 피딩이에요. 그럼 집사도 주말에는 자유로울 수 있겠죠?

Tip

해외에서는 자율 피딩의 경우 매일 슈퍼푸드를 줘야 한다는 의견도 있어요. 개체의 탈피 기간이 겹치거나 소화가 덜 된 상태일 때에는 스스로 밥을 먹지 않기 때문에 이를 고려해서 매일 밥그릇에 새로운 슈퍼푸드를 제공해야 한다는 의견인데요. 이러한 방법도 소화 할 시간을 충분히 줘야 한다는 내용은 동일하기에 꼭 이를 고려해서 피딩하는 것이 좋아요.

Q

밥은 아침에 주나요? 밤에 주나요?

A 크레는 야행성이에요. 그렇기 때문에 크레가 깨어 있는 시간대인 **초저녁부터 다음날 아침 사이**에 주면 좋겠죠?

하지만 집사가 매번 시간을 정확히 맞추기는 힘들어요. 되도록 비슷한 시간대에 주려는 노력 정도면 충분해요.

Tip

자율 피딩을 위해 슈퍼푸드를 그릇에 놓아주는 경우에는 크레가 깨어 있는 시간을 고려해 그릇을 놓아줄 필요가 있어요. 크레가 자는 시간에 슈퍼푸드를 놓아두면 굳어버리는 경우가 많아요.

Q

크레한테 과일을 줘도 되나요?

A 크레의 고향인 뉴칼레도니아에서도 크레들이 과일을 섭취하기 때문에 **바나나, 망고, 무화과, 수박, 딸기 등의 과일**을 줘도 돼요.

바나나의 경우 주성분이 인 당질이기 때문에 섭취 시 체내에서 인과 칼슘의 균형이 깨질 수 있어 칼슘제를 꼭 첨가해 줘야 해요. 충식과 마찬가지로 과일은 보조가 되어야 하지, 주가 되면 안 돼요.

Tip

귤이나 오렌지와 같은 산이 들어가 신맛이 나는 과일들을 절대 주면 안 돼요. 주어도 되는 과일과 주면 안 되는 과일을 반드시 구분해야 해요.

Q

크레한테 충식이 꼭 필요하나요?

A 슈퍼푸드만으로도 충분히 건강하게 사육이 가능하지만 단백질 함량이 높은 먹이 곤충은 개체의 성장에 도움이 돼요.

하지만 **지나친 충식은 오히려 독**이 되기 때문에 1주일에 한 번 혹은 2주일에 한 번 충식을 시켜주는 게 좋아요.

Q

것로딩, 더스팅이 뭐예요?

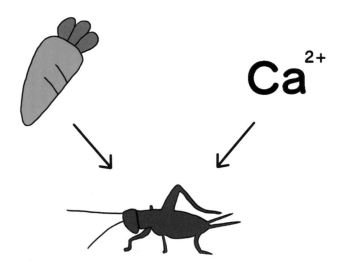

A 것로딩Gut-Loading은 **먹이 곤충의 뱃속을 필요한 영양소로 채우는 과정**이에요. 피딩 전날 혹은 적어도 몇 시간 전에 당근, 애호박 등을 먹이 곤충의 먹이로 주면 돼요.

더스팅Dusting은 **먹이 곤충의 껍질 표면에 비타민, 칼슘 등의 필요한 영양제를 묻혀 주는 과정**이에요. 작은 통에 먹이 곤충을 넣고 영양제를 적당량 묻혀주면 돼요.

귀뚜라미와 같은 먹이 곤충의 인 성분이 체내 칼슘 배출을 유도하기 때문에 크레에게 귀뚜라미를 줄 때는 꼭 칼슘제를 더스팅 해 주는 게 좋아요.

Chapter 6

암컷? 수컷?

Q

성별 구분은 언제부터 되나요?

A 크레는 **천공을 통해 성별을 구분**할 수 있어요. 천공 확인을 위해서는 크레 전용 현미경과도 같은 루페 사용을 추천해요.

수컷의 경우 빠르면 3g에도 천공이 발견돼요. 정확한 천공이 발견되면 수컷임을 확정 지을 수 있어요. 하지만 3g에 천공이 보이지 않는다고 암컷이라고 단정 지을 수는 없어요. 그러므로 20~30g까지 충분히 큰 다음 암컷인지 아닌지를 판단해야 해요.

Chapter 7

짝짓기부터
새 생명이 태어나기까지

Q

크레의 짝짓기는 어떻게 이루어지나요?

A 짝짓기에 앞서 가장 먼저 생각해야 할 점은 **암컷과 수컷 크레의 나이**예요. 성숙이 덜 된 개체들의 짝짓기는 크레의 건강에 큰 영향을 끼칠 수 있어요.

2살 정도의 완전히 성체가 된 암컷과 수컷을 한 사육장에 넣어주면 짝짓기를 하고 한 달쯤 뒤에 암컷이 습식 은신처에 알을 낳아요.

Q

크레도 처녀 생식이 가능한가요?

A 보통 짝짓기를 하지 않은 암컷이 낳은 알은 무정란이지만 드물게 유정란이 나와 무사히 부화하는 경우가 있어요. 하지만 처녀 생식은 그렇게 흔하게 관찰되지 않기 때문에 처녀 생식만을 기대하는 건 좋지 않겠죠?

Tip

최근 들어 처녀 생식에 성공한 사례들이 커뮤니티에 많이 보여요. 물론 진짜 처녀 생식일수도 있지만 이전에 메이팅 한 수컷의 정자를 암컷이 보존하고 있다가 유정란이 나오는 경우를 처녀 생식이라고 착각하는 집사들도 많아요. 처녀 생식의 정의를 정확히 아는 것이 중요해요.

Q

알이 나왔어요! 유정란일까요? 무정란일까요?

A 짝짓기를 통해 정상적으로 수정이 이루어졌다면 유정란이 나와요. 하지만 그렇지 못한 경우도 있기에 유정란과 무정란을 구별할 줄 알아야해요.

알을 불빛에 비춰보면 **유정란에서는 빨간색 핵이 발견**되고 무정란에서는 아무것도 관찰되지 않아 핵의 유무로 쉽게 구별이 가능해요.

Q

유정란은 습식 은신처에 그대로 두면
알아서 부화하나요?

A 크레 알은 **일정한 온도에서 적당한 습도를 유지** 해 보관해야 안전히 부화할 수 있어요. 그렇기 때문에 알을 발견하면 다음과 같은 과정을 거쳐 보관해야 해요.

- 미리 물에 담가 두어 충분한 수분을 흡수한 슈퍼해치를 알을 보관할 통에 깔아준다.
- 알을 놓을 곳에 손가락으로 살짝 홈을 만들어 준다.
- 핵이 보이는 방향이 위로 가도록 놓아준다.
- 일정한 온도가 맞추어진 인큐베이터에 넣어준다.

인큐베이터로 주로 사용되는 제품은 **와인셀러**를 개조하여 만드는 인큐베이터와 기성품으로 나오는 **냉·온장고** 두 가지예요.

와인셀러를 개조하는 경우에는 제작비가 비교적 많이 들고 직접 개조를 해야 한다는 단점이 있고, 냉·온장고의 경우 외부 온도의 영향을 많이 받는다는 단점이 있어요. 이러한 단점들을 고려하여 집사의 상황에 알맞은 인큐베이터를 사용하면 돼요.

Q

인큐베이터에서 부화하기까지는 얼마나 걸리나요?

A 부화일은 **인큐베이터 내부 온도**에 따라 다음과 같이 달라져요.

- 25도 : 60일 내외
- 24도 : 70일 내외
- 23도 : 80일 내외

하지만 이 수치들은 개체마다 크고 작은 차이가 있어요. 그러므로 첫 클러치의 해칭일을 기록해두면 좋아요.

Tip

저온 해칭과 고온 해칭의 기준이 명확하진 않지만 보통 23도 이하를 저온 해칭이라고 불러요. 저온 해칭의 경우 개체가 알에서 더 오래 있다가 나오기에 더 크게 나온다고 알려져 있지만 다른 여러 변수들이 있어 꼭 그렇다고 할 수는 없어요.

Q

크레가 부화할 때는 어떻게 도와줘야 하나요?

A 알 상태가 깨끗한 경우 대부분 스스로 건강하게 알을 찢고 나와요. 이때 사용하는 게 **에그 투스**구요.

하지만 알 표면 군데군데가 약한 경우나, 알 표면이 눈꽃처럼 고르지 못한 경우에는 집사의 도움이 조금 필요해요.

알 표면이 약해 알 안쪽의 압력을 이겨내지 못하고 터질 경우 한지 혹은 휴지로 막아주고, 표면이 고르지 못한 알은 해칭일을 계산하여 알을 조금 찢어줘야 해요.

Q

크레가 태어났어요! 어떻게 해줘야 할까요?

A 우선 태어난 해츨링들을 사육장으로 옮겨주세요. 같이 태어난 클러치 메이트는 며칠간 합사를 해도 좋지만 되도록 분리해 주는 것을 추천해요.

사육장으로 옮겨 셋팅을 하고 분무를 해 주세요. 태어난 날 기준으로 2~4일 뒤에 첫 피딩을 시작하면 돼요.

Tip

첫 피딩 날짜에 대한 의견은 다양하기 때문에 정답은 없어요. 하지만 슈퍼푸드를 거부하는 경우에 억지로 줄 필요는 없어요. 배가 고프면 스스로 밥을 먹는 건 모든 동물의 공통점이니까요.

Chapter 8

크레의 유전

Q

크레는 엄마, 아빠에 따른 유전이
어떻게 이루어 지나요?

A 크레에서 정확하게 유전되는 모프로 밝혀진 건
아래의 세 가지뿐이에요.

- 공우성인 릴리 화이트
- 열성인 아잔틱
- 열성인 슈퍼 스트라이프

이외에는 랜덤이라는 표현이 정확하지만 혈통, 형질 등
에 따라 유전되는 정도가 달라요. 브리딩 계획을 세울 때
에는 이러한 점들을 충분히 고려해야 해요.

Q

릴리 화이트의 유전은 어떻게 이루어 지나요?

A 릴리 화이트의 유전자는 **공우성으로 유전**돼요. 릴리 화이트를 발현시키는 유전자를 A라고 했을 때 AA, Aa, aa 이렇게 세 가지의 유전자형이 가능해요. 하지만 릴리화이트는 공우성임과 동시에 **치사 유전**이에요. 그렇기 때문에 AA는 슈퍼폼인 루시스틱 릴리화이트가 되어 생존이 불가능해요.

- AA : 루시스틱 릴리화이트
- Aa : 릴리화이트
- aa : 노멀

릴리 화이트 브리딩을 염두에 두려면 두 가지 조합을 알아야 해요.

- 릴리(Aa)×노멀(aa)

  ⇒ 릴리(Aa) or 노멀(aa)

- 릴리(Aa)×릴리(Aa)

  ⇒ 루시스틱(AA), 릴리(Aa), 노멀(aa)

Tip

루시스틱 릴리 화이트를 살려보려는 노력이 이미 수차례 진행되었어요. 이 과정에서 수많은 루시스틱 릴리 화이트들이 죽었어요. 이미 많은 실패 사례들이 있으니 브리딩 계획을 세울 때는 릴리 화이트끼리의 조합은 피하는 게 좋겠죠?

Q

아잔틱과 슈퍼 스트라이프의 유전은
어떻게 이루어 지나요?

A 아잔틱과 슈퍼스트라이프 유전자 모두 **열성으로 유전**되므로 여기서는 아잔틱의 유전에 대해서만 알아볼게요.

아잔틱을 발현시키는 유전자를 b라고 했을 때 b의 대립 유전자(열성인 아잔틱을 가리는 유전자)는 B라고 할 수 있어요. 유전자형은 BB, Bb, bb 이렇게 세 가지가 가능해요.

- BB : 아잔틱을 발현시키는 b가 아예 존재하지 않으니 노멀
- Bb : 아잔틱을 발현시키는 b가 있지만 겉으로 발현이 안 되어 헷 아잔틱
- bb : 아잔틱을 발현시키는 열성 유전자 b가 동형 접합으로 있어 아잔틱

아잔틱 브리딩을 염두에 두려면 세 가지 조합을 알아야
해요.

- 아잔틱(bb) × 아잔틱(bb)

  ⇒ 아잔틱(bb)

- 아잔틱(bb) × 헷 아잔틱(Bb)

  ⇒ 아잔틱(bb), 헷 아잔틱(Bb)

- 헷 아잔틱(Bb) × 헷 아잔틱(Bb)

  ⇒ 노멀(BB), 헷 아잔틱(Bb), 아잔틱(bb)

Tip

헷 아잔틱끼리의 브리딩에서 나온 노멀(BB)과 헷 아잔틱(Bb)은 육안으로 절대
구분이 안 돼요. 브리딩 계획을 세울 때에는 이 점은 꼭 생각해봐야겠죠?

Q

릴리 화이트 아잔틱이 나올 수 있나요?

A

현재 릴리 화이트 아잔틱은 여러 마리가 세상에 나와 있어요. 릴리 화이트 아잔틱 브리딩은 다양한 조합이 존재하므로 대표적인 조합만 살펴볼게요.

- 릴리 화이트 헷 아잔틱 × 아잔틱

  ⇒ 릴리 화이트 아잔틱, 릴리 화이트 헷 아잔틱, 아잔틱, 헷 아잔틱

- 릴리 화이트 아잔틱 × 헷 아잔틱

  ⇒ 릴리 화이트 아잔틱, 릴리 화이트 헷 아잔틱, 아잔틱, 헷 아잔틱

Tip

릴리 화이트 아잔틱이 나오는 방향의 브리딩은 다양한 조합이 있기에 집사의 선택에 따라 다양한 경우의 수가 존재해요. 본인에게 가장 적합한 계획을 세우는 게 좋겠죠?

Chapter 9

모프를 알아보자!

Q

할리퀸이 뭔가요?

A 할리퀸Harlequin은 **불꽃과 비슷한 패턴**을 뜻해요.
레터럴에 이 패턴이 높게 차 올라 있는 경우 **익
스트림 할리퀸**이라고 부르게 돼요.

Q

할리피너가 뭔가요?

A 할리피너Harley pinner는 **할리퀸과 핀**을 합쳐 부른
다고 생각하면 돼요. 할리퀸 패턴이 있고 핀이
있는 모프를 줄여서 할리피너라고 불러요.

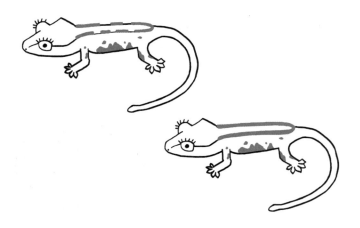

Q

트익할이 뭔가요?

A 트익할은 **트라이 익스트림 할리퀸**Tri-Extreme Harlequin의 줄임말이에요. 세 단어가 합쳐졌으므로 이 세 가지를 갖추면 돼요. 레터럴에 색이 세 가지이고, 무늬가 할리퀸이며, 이 패턴이 적정 수준 이상으로 차 있어야 해요.

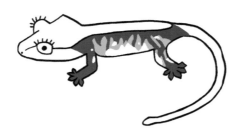

Q

바브가 뭔가요?

A

바브Barb는 **해외 브리더 Barbara Gebert**의 애
칭 정도라고 생각하면 돼요. 특색 있는 트익할들
을 브리딩해서 라인명으로 어느정도 굳어지게 되었어요.
바브 라인의 모프명은 트익할이에요.

Q

바이 컬러가 뭔가요?

A 바이 컬러Bi-Color에서 Bi는 두 개라는 뜻으로 바이 컬러는 도살의 색, 레터럴의 색 총 **두 개의 색으로만 이루어진 모프**예요. 레드 바이 컬러, 오렌지 바이 컬러 등이 대표적인 예구요.

Q

플레임이 뭔가요?

A 플레임Flame은 **레터럴이 단색으로 이루어져 있고 도살에만 패턴**이 들어가 있는 모프를 말해요. 바이 컬러와 헷갈릴 때는 도살을 살펴보면 구분이 쉬워요.

Q

타이거와 브린들이 뭔가요?

A 타이거와 브린들Tiger & Brindle은 자세히 보지 않으면 헷갈릴 수 있는 모프예요. **타이거는 도살에서 양쪽 레터럴까지 선이 쭉 이어져** 있고 브린들은 이 선이 **중간에 끊겨** 있어요.

Q

오닉스가 뭔가요?

A 오닉스Onyx는 **해외 LGP사의 수컷 크레 이름**이에요. 오닉스라는 이름을 가진 수컷의 색감, 도살 그리고 핀을 정형화하여 오닉스 라인이 만들어지게 되었어요. 오닉스 라인은 라인명일 뿐 모프명은 블랙 엠티백, 다크 엠티백 정도로 부를 수 있어요.

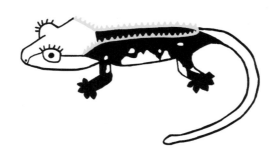

Q

크림시클이 뭔가요?

A 크림시클Creamsicle은 **오렌지색과 흰색 혹은 크림색이 잘 어우러진 개체**를 일컫는 말이에요.

하지만 조금 더 넓은 의미로는 노란색, 밝은 갈색 계열의 개체까지도 크림시클로 부르기도 해요.

Q

달마시안이 뭔가요?

A 달마시안Dalmatian은 **점이 많은 개체**를 가리키는 표현이에요. 절대적인 점의 개수 기준이 없어 논란이 되기도 해요. 점이 매우 많은 경우는 슈퍼 달마시안이라고 불러요.

Q

쿼드 스트라이프가 뭔가요?

A 쿼드 스트라이프Quad stripe에서 Quad는 네 개라는 뜻이에요. 그러므로 쿼드 스트라이프는 도살 쪽에서 내려다 보았을 때 **네 개의 선이 보이는 개체**를 가리키는 표현이에요.

Q

솔리드 백과 엠티 백이 뭔가요?

A 솔리드 백Solid Back은 **아무런 패턴 없이 깔끔한 도살**을 가리키는 용어로 릴리 화이트에서 자주 관찰돼요. 엠티 백Empty back은 솔리드 백과 정 반대로 **양쪽 핀을 경계로 비어있는 도살**을 가리키는 용어로 오닉스 라인을 묘사할 때 자주 쓰여요.

`Tip`

솔리드 백과 엠티 백을 혼동하거나 제대로 이해하지 못 하는 집사들이 많아요. 이 둘을 정확히 이해하기 위해서는 가장 깊숙이 깔려 있는 Base color를 중심으로 관찰하면 돼요. Base color가 완전히 덮여 아무런 패턴이 없다면 솔리드 백, Base color가 완전히 드러나 등이 빈 형태라면 엠티 백이에요.

Q

할로윈이 뭔가요?

A 할로윈Halloween은 **주황색과 검은색 혹은 검은색에 가까운 어두운 색이 잘 어우러진 개체를** 일컫는 말이에요. 할로윈 호박의 색을 떠올리면 돼요.

Q

블러싱이 뭔가요?

A 블러싱Blushing은 말 그대로 **크레의 턱 아래쪽이 불그스름**해지는걸 뜻해요. 턱 아래쪽이 불그스름하다고 해서 Base color가 레드가 되는 것은 아니에요. 또한 블러싱은 릴리 화이트에서 자주 보이는 특징이지만 모프라고 부르지는 않아요.

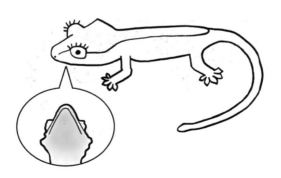

Q

포톨이 뭔가요?

A 포톨Porthole은 **레터럴에 하얀색 점처럼 되어 있는 부분**을 가리키는 용어예요. 과거에는 레드 바이와 같은 바이 컬러 계열에서 많이 나타났지만 최근에는 트라이 계열에서도 많이 나타나는 추세예요.

Q

드리피가 뭔가요?

A 드리피Drippy는 **등에서 옆구리로 물감이 흐르듯 흘러내린 패턴**을 가리키는 용어예요. 과거에는 릴리 화이트에서 대부분 관찰되었지만 최근에는 노멀에서도 많이 나타나는 추세예요.

Chapter 10

크레가 아플 때

Q

크레 몸에 상처가 났어요. 어떡하죠?

A 우선 상처가 난 원인을 찾아 제거해 주세요. 주로 끝이 날카로운 구조물에 긁히는 경우가 많으니 원인 제거가 우선이겠죠?

그 다음은 상처 부위가 오염되지 않게 해서 2차 감염을 막는 것이 가장 중요해요. **상처 부위에 직접 물이 닿지 않게 해주고 사육장 내부 청결을 유지**해주면 대부분의 가벼운 상처는 회복이 가능해요. 집사가 돌보기 어려운 안구 쪽 상처 혹은 깊은 상처는 병원을 가보는 게 가장 좋겠죠?

Q

MBD가 뭔가요?

A MBDMetabolic Bone Disease는 체내의 칼슘 부족 혹은 과다로 인해 발생하는 장애 중 한 종류예요.

여기서 꼭 알아야 할 점은 체내의 칼슘 부족 혹은 과다가 칼슘 섭취량에 의해서만 결정되는 게 아니라는 점이에요. 체내 칼슘 불균형의 원인은 균형 잡히지 않은 식단, 부족한 수분 섭취 등으로 다양해요.

MBD의 증상은 **경련, 부풀어 오른 다리, 꼬리 구불거림, 뼈의 변형** 등이 있어요.

증상이 매우 경미한 초기에는 별도의 첨가제 없는 슈퍼푸드 피딩과 충분한 수분 공급만으로도 회복이 가능해요.
하지만 척추뼈나 턱뼈와 같은 뼈의 변형이 일어난 경우에는 MBD를 멈추게 할 수는 있지만 완치는 어려워요.

Q

FTS가 뭔가요?

A FTSFloppy Tail Syndrome은 **바르지 않은 자세로 인해 꼬리가 비정상적인 방향으로 꺾이는 질병이**에요.

자연과는 다른 환경인 각져 있는 사육장과 평평한 벽면이 주원인이라고 할 수 있고, 충분한 구조물을 넣어 줌으로써 예방이 가능해요.

이미 FTS가 심각한 수준까지 진행된 경우는 골반 뒤틀림, 그리고 암컷의 경우에는 더 나아가 에그 바인딩이 올 수 있어요.

이러한 상태가 되었을 때 꼬리를 끊어 줄 것인지 말 것인지에 대한 선택은 온전히 집사의 몫이기에 현명한 판단을 위해서는 FTS에 대해 정확히 알아야겠죠?

Q

크레가 기생충에 감염되기도 하나요?

A 슈퍼푸드를 주식으로 하는 크레에게 자주 있는 일은 아니지만 간혹 기생충에 감염되는 개체들이 있어요.

갑작스러운 체중 감소, **기생충이 보이는 변, 지나치게 냄새가 나는 변, 설사, 구토 등의 증상**을 보인다면 기생충 감염을 의심해 볼 필요가 있는데요.

기생충 감염의 원인으로는 **먹이 곤충을 통한 감염, 오염된 물을 통한 감염** 등이 있을 수 있어요.

옴니쿠어산과 같은 구충제를 사용해 집에서 직접 치료하는 방법도 있지만 변을 챙겨 가까운 동물 병원을 방문하는 것이 가장 신속하고 정확해요.

Q

에그 바인딩이 뭔가요?

A 에그 바인딩Egg-Binding은 말 그대로 **알이 밖으로 나오지 못 하고 산모의 몸 속에서 막혀버린 상태** 를 뜻해요.

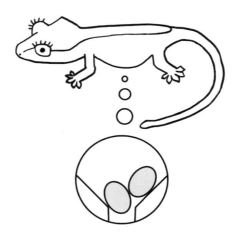

에그 바인딩의 원인으로는 어린 개체의 산란, 올바른 산란 환경 조성 미흡, 물리적 알 걸림 등이 있어요.

그렇기에 충분한 성숙기 이후의 메이팅, 올바른 산란 환경 조성을 통해 에그 바인딩을 예방할 수 있지만 이미 알이 막혀버린 상태라면 가까운 동물 병원을 방문하는 것이 가장 신속하고 정확하겠죠?

Q

임팩션이 뭔가요?

A 임팩션Impaction은 **소화기가 딱딱하거나 단단한 덩어리에 의해 막힌 상태**를 뜻해요.

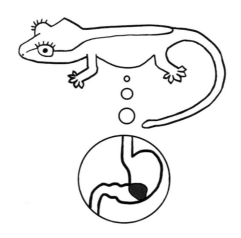

임팩션의 원인으로는 과식, 딱딱한 물질 섭취, 낮은 온도로 인한 소화 불량, 탈수 등이 있어요.

소화기가 막히면 배설을 하지 못해 체내에 가스가 차 목숨을 잃는 경우가 대부분인데요. 크레의 임팩션은 슈퍼푸드 위주의 피딩, 무게에 따른 정량 피딩, 적당한 분무를 통한 수분 섭취만 잘 지켜주면 충분히 예방이 가능하므로 기본만 잘 지켜주면 돼요.

Chapter 11

초보 집사가
당황하는 순간들

Q

크레 꼬리가 구불거려요. 어떻게 해줘야 할까요?

A 꼬리가 심하게 구불거리는 경우가 아니라면 **물 그릇 배치를 통한 수분 공급이나 주사기로 추가적 인 수분 공급**을 통해 빠르게 펴지게 할 수 있어요. 하지만 선천적으로 구불거리는 꼬리를 가지고 태어난 경우에는 성체가 되어서도 그대로일 수 있어요.

Q

크레가 꼬리를 잘랐어요. 어떻게 해줘야 할까요?

A 우선 꼬리가 잘린 단면을 확인해 봐야 해요. **깔끔하게 잘린 꼬리의 단면은 꽃 모양**이고 상처가 깨끗하게 아물지만, 깔끔하게 잘리지 않은 꼬리의 단면은 뭉툭하고 상처가 덧날 가능성이 높아요.

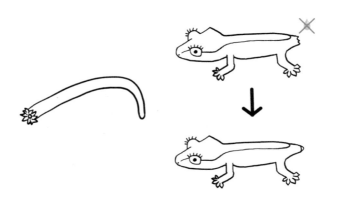

깔끔하게 잘린 경우에는 **환부에 물이 직접 닿지 않도록 해 주고 사육장을 깨끗하게** 해 준다면 별도의 연고를 바르지 않아도 금세 잘 아문 모습을 볼 수 있어요.

하지만 깔끔하게 잘리지 않은 경우에는 덧나지 않도록 경과를 잘 지켜봐야 해요.

Q

크레가 발색이 이상해요. 어디 아픈 걸까요?

A 그 색이 진짜 발색일 수도 있지만 정확한 판단을
위해서는 **파이어업**을 시켜보면 돼요.

파이어업은 다음과 같은 방법으로 할 수 있어요.

- 개체를 키친타올이 깔린 작은 푸딩컵에 넣는다.
- 분무를 충분히 하여 습도를 높여준다.
- 서늘한 곳에 둔다.

다만, 파이어업은 개체를 괴롭혀서 화나게 하는 과정이기에 절대 자주 하면 안 돼요.

Q

크레가 벽에 잘 못 붙어요. 어디 아픈 걸까요?

 크레가 벽에 잘 못 붙는 원인은 정말 다양해요.

- 벽면이 미끄럽다.
- 습도가 지나치게 높다.
- 탈기가 왔다.
- 영양 부족으로 힘이 부족하다.

이외에도 다른 이유들이 있을 수 있지만 대부분의 경우 이 네 가지 중에서 원인을 찾을 수 있어요. 장기간 못 붙는 경우가 아니라면 여유를 가지고 밥을 잘 주면서 지켜보면 빠른 시일 내에 잘 붙을 거예요.

Tip

일시적으로 벽에 못 붙는 경우가 대부분이지만 초보 집사의 경우 과한 분무로 인해 발바닥이 붙어버린 경우도 꽤 많아요. 분무는 꼭 벽면 위주로 해 주는 것이 좋아요.

Q

크레가 소리를 내는데 무슨 뜻인가요?

A 크레의 소리에 대해 완벽히 분석된 결과는 없어
요. 다만 대체적으로 **싫다는 표현을 할 때는 꾹꾹
거리는 소리, 좋다는 표현을 할 때는 새 소리**를 낸다고 알
려져 있어요.

소리에 대한 이 내용들은 매우 주관적이고 정확하지 않
기 때문에 소리가 아닌 행동을 통해 크레의 현재 상태를
파악하는 것이 좋아요.

Q

크레가 입을 크게 벌리는데 무슨 뜻인가요?

A 눈을 핥기 위해 입을 크게 벌리는 경우, 목 넘김을 위해 입을 크게 벌리는 경우를 제외하면 대부분 **스트레스를 받아 싫다 라는 표현**이에요.

아무런 이유 없이 입을 크게 벌린다면 개체가 진정이 될 때까지 되도록 가만히 놔두고 지켜보는 것이 좋아요.

Review

김선주 선주비원더 📷 sunjukill

책 내용이 심플하고 핵심만 나와 있어 이해하기 쉽고 좋네요.

함광호(피트) NATURE REPTILE 📷 pittstory88

까면 깔수록 궁금증을 유발하는 양파같은 크레스티드 게코에 대해 알고 싶다면 이제 이 책 하나로도 충분합니다. 사육에 대한 충분한 공부 후 NATURE REPTILE과 함께한다면 여러분이 진정한 승자!

심준보 CREBBIT 📷 creborghini

크레스티드 게코계의 '즉문즉답서'라고 하고 싶습니다. 제가 초보 사육자 당시 겪었던 궁금증과 고민을 속 시원하게 해결할 수 있습니다. 이 책이 초보 사육자의 '바이블'로 성장하길 바랍니다. 제 개인 과외 선생님으로 수고해주신 지난 시간 감사합니다. 앞으로 책에서 찾을게요.

산크레 📷 san_crested

지금까지 이런 크레스티드 게코 책은 없었다!! 크레스티드 게코가 궁금한가? 이 책을 본 당신이 승자.

김산하 📷 _dinomarket

서울에서 4년째 크레를 사육 중인 김산하입니다. 본 책은 크레 사육의 교과서와 같은 책입니다. 많은 초보 크레 집사분들이 이 책의 정보를 믿고 사육해 주시면 건강한 사육을 할 수 있으리라 생각합니다.

장태원 📷 aquatic_627

많이 헷갈릴법한 부분이 잘 정리되어 있는 책입니다.

김두원 📷 lucy_gecko

크림시클, 옐로우 라인 위주로 사육중인 김두원입니다. 초보자들뿐만 아니라 오랜 기간 사육해 오셨던 분들도 한 번 보시면 좋을 듯합니다. 모두에게 꼭 추천드리고 싶은 책입니다.

YB 📷 infinite_gecko

돈 주고도 살 수 없는 노하우가 이 책에 담겨 있습니다. 아! 이제는 살수 있게 되었군요! 크레에 대해 정확하게 알고 사육할 수 있도록, 저또한 이 책을 많은 분들께 선물하고자 합니다. 크레인에게 이 이상의 선물이 있을까요?

변종식 🔘 crepax_foc

크레를 키우면서 꼭 필요하다고 생각하는 것들이 정말 잘 정리되어 있는 책입니다. 크레 사육 이 책 한 권이면 됩니다!

게코스토리 🔘 geckostory

국내 크레스티드 게코 사육 지침서 중 단연 1등! 크레스티드 게코의 하나부터 열까지 기본적인 정보는 다 담겨 있습니다. 이 책을 읽으면 여러분들도 크린이에서 벗어날 수 있습니다! 게코스토리는 'Q&A로 알아보는 크레스티드 게코-심화편'을 기다립니다.

김현호(HoRang Cre) 🔘 horangcre

부산에서 크레스티드 게코 사육방을 운영하고 있는 호랑크레입니다. 크레 입문자분들께서 가장 궁금해하는 부분들을 자세히 그리고 쉽게 설명하고 있는 이 책을 꼭 추천드립니다.

수염농장 🔘 beardman_reptile

크레스티드 게코 사육에 앞서 읽어보고 참고하면 좋을 책입니다. 초보자에게 더할나위 없이 좋은 참고자료입니다! 필독 도서라고 생각합니다.

QnA로 알아보는
크레스티드 게코 [개정판]

초판 1쇄 발행 2021년 2월 26일
2판 1쇄 발행 2021년 12월 7일
2판 4쇄 발행 2024년 8월 5일

지은이 조 제
그린이 제상준
펴낸이 방성열
펴낸곳 다산글방

출판등록 제313-2003-00328호
주소 서울특별시 마포구 동교로 36
전화 02) 338-3630 **팩스** 02) 338-3690
이메일 dasanpublish@daum.net
홈페이지 www.iebook.co.kr

ⓒ 조 제, 2024, Printed in Korea

ISBN 979-11-6078-233-2 12490